AF380905

LA BATAILLE D'ANGLETERRE

L'erreur de l'aviation allemande
qui a sauvé l'Angleterre

Par Thierry Grosbois
Sous la direction de Thomas Jacquemin

50MINUTES.fr

LA BATAILLE D'ANGLETERRE

INTRODUCTION

Destinée à préparer l'invasion de la Grande-Bretagne prévue au début de l'automne 1940, plusieurs fois retardée par Adolf Hitler (1889-1945), la bataille d'Angleterre est un gigantesque engagement aérien, tel que l'histoire n'en a jamais connu. L'objectif du Führer, conforté par l'optimisme du maréchal Goering, est de détruire en quelques semaines les forces aériennes britanniques de manière à faciliter la traversée de la Manche et le débarquement des troupes terrestres, assurant ainsi la victoire complète du nazisme en Europe occidentale. Une fois la Grande-Bretagne soumise, le chancelier allemand souhaite retourner ses armées vers l'Est pour mener une attaque massive contre l'URSS qu'il programme pour le printemps 1941. La vision, décrite dans *Mein Kampf*, l'ouvrage programmatique écrit par Hitler en 1923, d'une Europe allemande éliminant le communisme et réduisant en esclavage l'Europe de l'Est, serait ainsi réalisée. Elle présume une guerre éclair (*Blitzkrieg*) comme stratégie militaire à l'Ouest puis à l'Est, car l'Allemagne n'a pas les capacités économiques et militaires pour soutenir une guerre plus longue.

En ce début de juillet 1940, la Grande-Bretagne est la dernière démocratie européenne à tenir tête à une Allemagne nazie alors victorieuse. Sur la scène politique anglaise, cependant, un tournant majeur s'est produit suite à la démission du Premier ministre Neville Chamberlain (1869-1940), un homme de paix, remplacé le 10 mai 1940, le jour même du début de l'offensive allemande à l'Ouest, par un partisan de la guerre à outrance, Winston Churchill. Ce dernier verra son autorité confortée par la victoire de la bataille d'Angleterre.

DONNÉES-CLÉS

- **Quand ?** Du 10 juillet au 31 octobre 1940
- **Où ?** En Grande-Bretagne
- **Contexte ?** La Seconde Guerre mondiale (1939-1945)
- **Belligérants ?** L'Allemagne nazie contre la Grande-Bretagne
- **Acteurs principaux ?**
  - Winston Churchill, Premier ministre britannique (1874-1965)
  - Hugh Dowding, maréchal de la *Royal Air Force* britannique (1882-1970)
  - Hermann Goering, maréchal allemand (1893-1946)
- **Issue ?** Victoire britannique
- **Victimes ?**
  - Camp allemand : 1 733 avions abattus
  - Camp britannique : 915 chasseurs abattus, plus de 450 morts parmi la RAF ainsi que 14 280 civils tués et 20 325 blessés

CONTEXTE POLITIQUE ET SOCIAL

LA DRÔLE DE GUERRE

Suite à l'attaque allemande contre la Pologne sans déclaration de guerre préalable, le 1er septembre 1939, la France et la Grande-Bretagne déclarent la guerre à l'Allemagne le 3 septembre. Quelques jours plus tard, les dominions britanniques (Canada, Australie et Nouvelle-Zélande) entrent à leur tour dans le conflit. Les colonies françaises et britanniques participent également à l'effort de guerre. En Europe, par contre, de nombreux petits pays maintiennent leur neutralité ; une partie d'entre eux seront d'ailleurs attaqués par l'Allemagne en avril et mai 1940. Il faut attendre le 10 juin 1940 pour que l'Italie de Mussolini (homme d'État italien, 1883-1945) entre en guerre aux côtés de l'Allemagne.

L'armée polonaise est vaincue au début du mois d'octobre 1940, alors même que l'armée soviétique a entamé l'occupation de la Pologne orientale le 17 septembre, en application du pacte de non-agression germano-soviétique. Ces régions, de même que les trois États baltes, seront occupés puis annexés à l'URSS.

Malgré les événements inquiétants qui ont lieu en Pologne, au cours de l'automne 1939 et de l'hiver 1940, le front occidental est marqué par la passivité et l'immobilisme des états-majors et des gouvernements franco-britanniques, défaitistes et minés par le pacifisme de l'entre-deux-guerres.

Le 9 avril 1940, l'Allemagne envahit le Danemark neutre, qui décide de ne pas résister, et attaque la Norvège, sans déclaration de guerre. Des troupes franco-britanniques débarquent hâtivement en Norvège, mais devront quitter le pays dès le 10 juin en raison du déclenchement de l'attaque allemande à l'Ouest. La campagne allemande en Scandinavie permettra l'approvisionnement en minerai de fer suédois de haute qualité pour l'industrie de guerre allemande, et ce pour toute la durée de la guerre.

Après s'être assuré une victoire éclair en Pologne et en Scandinavie, Hitler retourne ses armées vers l'Ouest, par une attaque déclenchée le 10 mai 1940 à la fois contre les Pays-Bas, la Belgique, le Luxembourg et la France. La *Blitzkrieg*, basée sur une combinaison des forces terrestres appuyées sur une concentration de chars et de forces aériennes, écrase en quelques semaines la France et ses alliés.

Le 16 juin 1940, le gouvernement Reynaud est remplacé par le gouvernement présidé par le maréchal Pétain (1856-1951), le héros de Verdun (février-décembre 1916), qui décide de signer un traité de paix avec l'Allemagne. L'armistice franco-allemand est signé à Rethondes le 22 juin 1940. Mais, opposé à cette décision, le général de Gaulle (1890-1970) dénonce les conditions de l'armistice et proclame la France Libre. La Grande-Bretagne et son empire se retrouvent désormais seuls face à l'Allemagne nazie, même si la plupart des gouvernements des pays européens occupés ont rejoint Londres.

LA GRANDE-BRETAGNE SEULE FACE AU NAZISME

Après la chute de la France, le IIIe Reich est au zénith de sa puissance militaire et politique en

Europe. Beaucoup de pays neutres d'Europe et d'Amérique latine optent pour des relations amiables avec l'Allemagne nazie. Les populations des pays occupés, encore sous le choc psychologique de la *Blitzkrieg* et des victoires successives allemandes, adoptent dans leur majorité une attitude pragmatique ou attentiste, cherchant à s'accommoder au nouvel ordre allemand. D'autres, moins nombreux, entrent dans la Résistance dès 1940. De son côté, Staline (homme d'État soviétique, 1878-1953) cherche à éviter que l'URSS soit impliquée dans une guerre en Europe, et multiplie les signes de bonne volonté à l'égard du IIIe Reich. Aux États-Unis, le courant isolationniste reste très puissant, surtout du côté du Parti républicain, et l'opinion publique se montre réticente à une intervention militaire américaine directe dans le conflit. Le président Franklin Roosevelt (1882-1945) doit donc temporiser, d'autant que des élections présidentielles doivent se tenir en novembre 1940. Les Américains sont cependant consternés par la défaite de la France et le danger pesant sur la Grande-Bretagne, dont la reddition leur semble inimaginable.

Bien décidé à lutter avec l'appui du Commonwealth, le gouvernement présidé par Winston Churchill contrarie les plans d'Hitler. Le chancelier allemand aurait en effet souhaité écraser rapidement la Grande-Bretagne pour réorienter ses forces contre l'URSS et éviter de se battre sur deux fronts à la fois. La bataille d'Angleterre risque donc de mettre à mal la série de succès ininterrompus engrangés par Hitler dans sa volonté d'expansion territoriale depuis 1936.

Pourtant, malgré les nombreuses victoires acquises en Europe depuis les accords de Munich de 1938, Hitler hésite à entamer une guerre totale contre l'Angleterre. Conscient qu'il ne peut soumettre seul l'ensemble de l'Empire britannique, il espère alors obtenir une paix de compromis avec elle, car l'effondrement de son empire ne serait profitable qu'à deux puissances montantes : les États-Unis et le Japon.

LES ACCORDS DE MUNICH

Suite à l'arrivée au pouvoir d'Hitler en 1933, l'Allemagne entreprend un effort de réarmement intensif, destiné à modifier le rapport de force en Europe. En 1936, l'armée allemande occupe à nouveau la Rhénanie, violant ainsi l'une des clauses du traité de Versailles (28 juin 1919). Cette année-là, l'Allemagne entre en économie de guerre et entreprend une politique expansionniste en Europe centrale, de manière à retrouver son rang de puissance mondiale, face à l'URSS et aux pays anglo-saxons.

Devant ces violations manifestes du traité de Versailles, la France et la Grande-Bretagne restent passives, ce qui facilite le rattachement de l'Autriche par l'Allemagne en mars 1938. Hitler réclame ensuite l'annexion des Sudètes, région germanophone de Tchécoslovaquie. Le Premier ministre britannique, Neville Chamberlain – qui mène une politique d'apaisement, destinée à éviter la guerre à tout prix et à gagner du temps pour assurer le réarmement britannique –, négocie directement avec Hitler et entraîne avec lui le soutien du président du conseil français, Édouard Daladier (1884-1970).

Le 29 septembre 1938, Mussolini, Hitler, Chamberlain et Daladier signent les accords de Munich qui accordent à l'Allemagne les Sudètes, annexés dès le 1er octobre. La dernière démocratie parlementaire d'Europe centrale, principale alliée de la France, tombe ainsi sans coup férir dans la zone d'influence allemande.

Le Führer a également un autre projet. Il souhaite mettre fin au pacte de non-agression qui le lie à l'URSS en l'attaquant par surprise. S'il sort victorieux de cette offensive, il pourrait acquérir à l'Est l'espace vital nécessaire au déploiement des Aryens. Or, pour réaliser un tel projet, il doit préalablement obtenir la paix à l'Ouest pour éviter de combattre sur deux fronts. Il en informe son entourage proche, qui tente de l'en dissuader.

Le 19 juillet, devant le *Reichstag* (chambre législative allemande), le Führer laisse entendre qu'il serait prêt à négocier la paix avec la Grande-Bretagne. Si le Premier ministre Winston Churchill ne se donne pas la peine de répondre, Lord Halifax (1881-1959), secrétaire d'État aux Affaires étrangères, balaie la sommation hitlérienne par un message radiodiffusé par la BBC. Le 31 juillet, Hitler décide alors de reporter l'assaut contre l'URSS au printemps 1941 afin d'écraser la Grande-Bretagne et de l'obliger à signer la paix. Mais les offres de paix du chancelier allemand ne trouvent guère écho à Londres, plus encline à la guerre à outrance depuis la désignation de Winston Churchill en tant que Premier ministre. Ce dernier parvient à galvaniser l'opinion publique britannique et mondiale par des discours mémorables, et cherche immédiatement l'appui militaire et politique des États-Unis, qui ont pourtant proclamé leur neutralité dans le conflit.

ACTEURS PRINCIPAUX

WINSTON CHURCHILL, PREMIER MINISTRE BRITANNIQUE

Né en 1874 au palais de Bleinheim (Oxfordshire), Winston Churchill est issu d'une famille aristocratique. Il est le descendant direct de John Churchill (général anglais, 1650-1722), 1er duc de Marlborough. Son père, Randolph Churchill (1849-1895), un homme politique conservateur et atypique, décède relativement jeune.

Winston Churchill opte très tôt pour la carrière militaire, dans l'espoir d'y trouver la gloire. En 1899, il devient célèbre comme correspondant de guerre en Afrique du Sud, où il est fait prisonnier. Après s'être évadé, il se lance en politique et devient premier lord de l'Amirauté (ministre de la Marine) en 1911. Durant son mandat, il renforce la marine de guerre britannique, qui devient la plus puissante du monde à l'approche de 1914. Mais il doit démissionner en 1915 suite à l'échec du débarquement de Gallipoli (25 avril 1915 - 9 janvier 1916).

LA BATAILLE DES DARDANELLES

La campagne de Gallipoli (rive européenne des Dardanelles), également connue sous le nom de « bataille des Dardanelles », a opposé les Britanniques et les Français aux Ottomans et s'est avérée un véritable désastre. En effet, les Turcs, alliés des Allemands, avaient été sous-estimés par les Britanniques et les Français qui espéraient s'emparer rapidement du seul accès à la mer Noire depuis la Méditerranée afin de soutenir l'effort consenti sur le front de l'Est. Leur résistance implacable et l'absence de préparation des troupes sont à la base d'un échec retentissant pour les Alliés, qui aura des conséquences de taille sur la scène politique anglaise.

Loin d'être l'unique responsable de cet échec, Winston Churchill y perd néanmoins son poste et doit se contenter du commandement d'un bataillon de l'armée régulière britannique jusqu'à la fin du premier conflit mondial.

En 1916, il commande un bataillon d'infanterie sur le front occidental. Revenu à la politique, il exerce à partir de 1917 plusieurs fonctions ministérielles. Il est chancelier de l'Échiquier (ministre des Finances) entre 1924 et 1929. Il est ensuite peu à peu marginalisé dans les années trente, car à contre-courant des aspirations à la paix de la majorité de l'opinion britannique. Il s'efforce toutefois de dénoncer le danger du nazisme et soutient fermement le réarmement. En septembre 1939, lorsque la guerre éclate, il est appelé par Neville Chamberlain à exercer à nouveau ses anciennes fonctions ministérielles à la tête de l'Amirauté. Ministre énergique, connu pour ses compétences militaires et ses convictions antinazies, il devient Premier ministre le 10 mai 1940. Malgré ses efforts, il ne parvient pas à convaincre la France à continuer le combat outre-mer suite à la perte du territoire métropolitain. Pourtant, Winston Churchill fait le choix de la guerre et rejette les offres de paix d'Adolf Hitler. Ne pouvant accepter cette situation, le chancelier allemand décide de lancer au début du mois de juillet 1940 la bataille d'Angleterre pour soumettre le dernier véritable ennemi du IIIe Reich en Europe.

Pendant la guerre, Winston Churchill cumule les fonctions de Premier ministre et de ministre de la Défense. Il perd les élections législatives de 1945, qui portent au pouvoir une majorité absolue travailliste, sous la direction de Clement Attlee (homme d'État britannique, 1883-1967). Il est à nouveau Premier ministre, avec une faible majorité conservatrice, en 1953, et quitte la politique active deux ans plus tard, pour des raisons de santé. Il décède en 1965, à l'âge de 90 ans.

HUGH DOWDING, MARÉCHAL DE LA ROYAL AIR FORCE BRITANNIQUE

Né en 1882 en Écosse, Hugh Dowding est passionné par l'aviation. Dès qu'il en a l'âge, il s'inscrit à l'académie militaire de Sandhurst, d'où il sort avec le titre d'officier. Il sert ensuite dans l'artillerie.

En 1913, après avoir obtenu son brevet de pilote, il rejoint le *Royal Flying Corps*. Dès l'année suivante, il participe aux premiers combats aériens de la bataille de France (10 mai-22 juin 1940), qui se termine avec la signature de l'armistice par la France. Après la guerre, il joue un rôle important dans la formation de la *Royal Air Force* (RAF) et soutient le développement de l'aviation de chasse. En 1929, il devient vice-maréchal de la RAF et, en 1933, maréchal. Il est également anobli.

En mai 1940, pressentant que son pays sera la prochaine cible des attaques aériennes allemandes, il s'oppose à Winston Churchill qui souhaite aider la France en y envoyant plus d'escadrilles de combat et finit par le convaincre de conserver les réserves de la RAF pour la défense du territoire anglais. En tant que chef du commandement de la RAF, il adopte une stratégie défensive très habile pendant la bataille d'Angleterre, en utilisant avec parcimonie ses chasseurs, tout en étant très soucieux de la vie de ses pilotes. Il parvient ainsi à éviter l'anéantissement par la *Luftwaffe* (aviation allemande) des forces aériennes britanniques et rend tout débarquement allemand quasiment impossible.

Mis à la retraite en 1942, il sera reconnu dès 1943 comme le principal artisan de la bataille d'Angleterre, ce dont il sera récompensé par le titre de lord. Il est alors remplacé par le maréchal Charles Portal (1893-1971), partisan des bombardements stratégiques de longue portée, qui inaugure une nouvelle ère dans l'aviation militaire.

Il décède en 1970.

HERMANN GOERING, MARÉCHAL ALLEMAND

Né en 1893 à Rosenheim (Bavière), Hermann Goering est un enfant paresseux et peu discipliné à l'école. Son père le fait alors entrer à l'école des Cadets de Karlsruhe, dont il sort en 1911 avec d'excellentes notes.

Devenu officier de l'armée impériale, Hermann Goering participe aux combats de 1914 dans l'infanterie, puis est affecté à sa demande à une escadrille de chasse. Il accumule peu à peu les victoires en combat aérien et devient l'un des meilleurs pilotes de l'aviation impériale. Une fois l'Allemagne vaincue, il s'oppose publiquement aux communistes et aux républicains qui cherchent à conquérir le pouvoir. Recherché, il est obligé de s'exiler au Danemark, puis en Suède. En 1922, à Munich, il adhère au parti national-socialiste à la suite d'une rencontre avec son fondateur, Adolf Hitler.

Commandant des sections d'assaut, il participe au putsch manqué de Munich le 8 novembre 1923, où il est blessé. Il se soigne à l'aide de morphine, qui devient une véritable drogue. Amnistié, il retourne en Allemagne en 1927, où il se met au service du parti nazi pour collecter des fonds auprès de l'industrie allemande. Il est élu en 1928 comme député de Bavière pour le parti et est réélu deux ans plus tard.

À l'issue des élections législatives de 1932, il devient président du *Reichstag*. Ministre de l'Intérieur dans le premier gouvernement d'Hitler en 1933, il laisse les troupes d'assaut se venger sur les opposants. Il fonde les premiers camps de concentration et crée une police politique, la Gestapo, qui passe sous la responsabilité d'Heinrich Himmler (homme politique allemand, 1900-1945) en 1934.

Ministre de l'Air en 1933, il est nommé deux ans plus tard commandant en chef de la *Luftwaffe*. C'est à ce titre qu'il préside à la bataille d'Angleterre en 1940, promettant au chancelier de réduire à néant en quelques semaines seulement l'armée de l'air britannique. Ne parvenant pas à atteindre ses objectifs, il est mis à l'écart par

Hitler et voit également sa popularité descendre en flèche, suite à l'incapacité de la *Luftwaffe* à assurer le contrôle de l'espace aérien européen, notamment contre les bombardements alliés sur les villes allemandes.

En 1945, il est condamné à mort lors du procès de Nuremberg en raison de sa participation aux crimes commis par le nazisme. Il se suicide dans sa cellule en 1946, peu de temps avant son exécution.

ANALYSE DE LA BATAILLE

UNE BATAILLE AÉRIENNE EN PLUSIEURS PHASES

Le 2 juillet 1940, c'est à contrecœur qu'Adolf Hitler engage une lutte totale contre les Britanniques, qu'il considère comme des cousins des Aryens germaniques. Son objectif initial consiste à imposer la paix par la force à la Grande-Bretagne pour que les armées allemandes puissent se retourner contre l'URSS, sans devoir se battre simultanément sur deux fronts. Avant que la guerre ne commence, le Führer avait comme projet de vaincre la Grande-Bretagne par une guerre sous-marine visant à isoler l'île de ses sources d'approvisionnement. Mais le maréchal Hermann Goering s'engage à réduire à néant la couverture aérienne britannique par des attaques massives de la *Luftwaffe*.

À la mi-juillet, très tardivement donc, Hitler donne des instructions aux états-majors de terre et de mer pour préparer le débarquement d'une dizaine de divisions sur les côtes anglaises qui aura lieu à l'automne 1940. Pour réussir cette opération nommée *Seelöwe* (« otarie » en allemand), la maîtrise du ciel paraît indispensable. La bataille aérienne, qui s'intensifie au-dessus de l'Angleterre au cours de l'été 1940, ne constitue donc qu'une opération préparatoire à ce futur débarquement terrestre.

Trois armées aériennes basées en Norvège, aux Pays-Bas, en Belgique et dans le Nord de la France mènent l'action contre l'Angleterre, soit 3 196 avions, parmi lesquels on compte plusieurs escadrilles italiennes. Mais l'aviation allemande a deux grandes faiblesses : les *Stukas* et les bombardiers. Les premiers sont des bombardiers en piqué qui avaient semé la terreur sur les routes de Pologne et de France en 1939 et 1940, et qui se révèlent vulnérables face aux avions de chasse anglais. Ils sont donc rapidement placés hors combat pour servir d'appui aux troupes d'invasion. Les bombardiers allemands, quant à eux, conçus pour un emploi tactique, sont rapides, mais mal armés et fragiles. En effet, les principaux bombardiers allemands ne peuvent emporter que deux tonnes de bombes, les empêchant donc d'assurer des bombardements stratégiques de grande ampleur, comme ceux que réaliseront, dans la seconde moitié de la guerre, les appareils américains et britanniques à long rayon d'action.

La campagne aérienne allemande contre l'Angleterre comporte trois phases successives, qui témoignent des hésitations du haut commandement allemand quant aux objectifs stratégiques poursuivis :

- la première phase (du 10 juillet au 18 août) donne la priorité à des attaques contre les convois de navires marchands dans la Manche et au harcèlement des ports du Sud de l'Angleterre, destinés à attirer la chasse anglaise dans un piège pour l'anéantir, condition préalable indispensable pour détruire la *Royal Navy* ;
- la deuxième phase (du 24 août au 27 septembre) découle de la décision d'Hitler de concentrer l'attaque sur la ville de Londres. Elle tend à ouvrir un couloir aérien en direction de Londres en éliminant l'aviation chargée de protéger la capitale et en détruisant les aéroports, de manière à permettre un bombardement massif de la ville destiné à démoraliser la population britannique ;

- découlant de l'échec de la *Luftwaffe* dans sa destruction de l'aviation britannique et du report du débarquement terrestre, la troisième phase vise à concentrer, à l'aveugle, les bombardements sur Londres et sur les grandes villes.

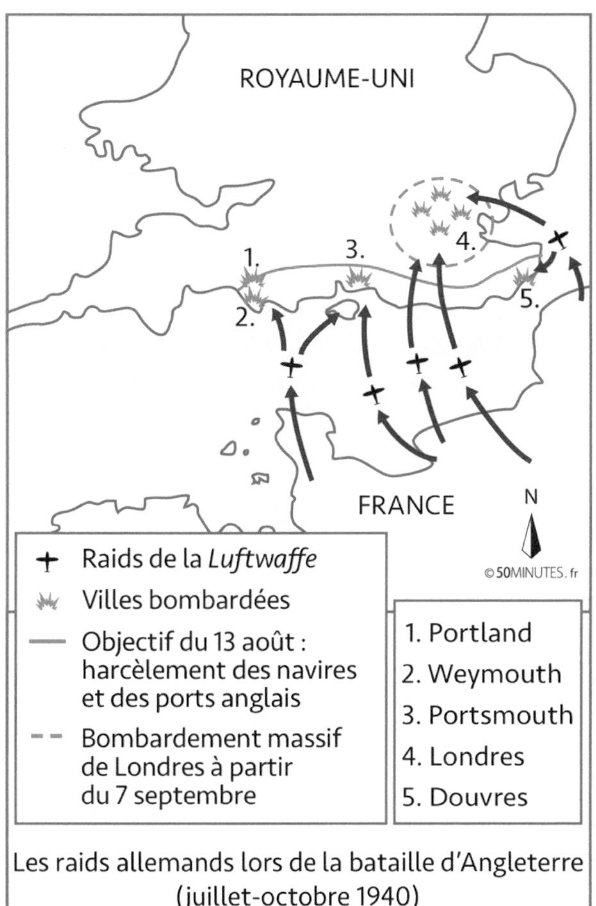

ROYAUME-UNI
1.
2.
3.
4.
5.
FRANCE
N
© 50MINUTES.fr
Raids de la *Luftwaffe*
Villes bombardées
Objectif du 13 août :
harcèlement des navires
et des ports anglais
Bombardement massif
de Londres à partir
du 7 septembre
1. Portland
2. Weymouth
3. Portsmouth
4. Londres
5. Douvres
Les raids allemands lors de la bataille d'Angleterre
(juillet-octobre 1940)

UNE ATTAQUE DES PORTS CATASTROPHIQUE

Alors que la bataille d'Angleterre débute le 10 juillet, les attaques s'intensifient à partir du 8 août. Afin d'asphyxier l'économie britannique, la *Luftwaffe* multiplie les raids aériens sur les convois maritimes par vagues de centaines d'avions. Les 11 et 12 août, les ports de Portland, de Weymouth, de Douvres et de Portsmouth sont bombardés intensivement. Une station de radar est détruite et quatre autres sont endommagées. Alors que l'on pourrait croire la situation favorable aux Allemands, les pertes de la *Luftwaffe* (286 appareils) sont pourtant supérieures à celles de la *Royal Air Force* britannique (150 appareils). Par conséquent, le maréchal Hermann Goering, qui cherche une victoire franche et décisive, lance de nouvelles attaques massives, visant à écraser la défense aérienne du Sud-Est et du Nord de la Grande-Bretagne.

Le 13 août, proclamé « Jour de l'Aigle », est une journée décisive. Quatre attaques allemandes successives frappent les défenses du Sud-Est, tandis que des escadrilles parties de Norvège cherchent à atteindre le Nord, que Hermann Goering croit, à tort, non défendu par la chasse. Ce sont ces escadrilles qui subissent les pertes les plus lourdes, au point d'être quasiment éliminées de la bataille. En effet, le maréchal de l'*Air Hugh Dowding* avait auparavant pris soin de répartir la chasse britannique à la fois au sud et au nord du territoire, la RAF surgissant chaque fois au bon endroit, grâce aux informations fournies par les stations radars, parvient à semer la pagaille dans les formations aériennes ennemies. Du 13 au 23 août, la *Luftwaffe* perd ainsi 190 avions contre 114 pour la chasse britannique.

Parallèlement, et ce malgré la faiblesse des moyens à disposition du *Bomber Command*, la RAF poursuit ses bombardements sur les ports français et belges de la Manche, où se concentrent les navires et les troupes allemandes destinées au débarquement.

UNE ERREUR QUI A CHANGÉ LE COURS DE LA GUERRE

Suite aux premières pertes subies, le maréchal Hermann Goering modifie sa stratégie et décide de concentrer les opérations sur les aéroports, sur l'industrie aéronautique et sur l'aviation adverses. Pour réduire les pertes, le nombre de bombardiers est revu à la baisse, tandis que les escortes de chasseurs sont renforcées. On compte désormais cinq chasseurs pour un seul bombardier.

La nuit du 24 août, Londres est bombardée par erreur, ce qui choque profondément la population. Winston Churchill décide aussitôt de répliquer et ordonne que soit mené un raid aérien spectaculaire sur Berlin la nuit suivante.

Entre le 24 août et le 3 septembre, la *Luftwaffe* mène une campagne de bombardements sur les aérodromes et les usines d'aviation au cours de laquelle les Allemands perdent 380 avions, contre 286 pour la chasse britannique. Les forces britanniques s'épuisent donc peu à peu et, le 4 septembre, les Anglais ne disposent plus que de 706 avions de chasse. Le point de rupture de la défense aérienne est presque atteint, car le remplacement du personnel navigant et du matériel compense difficilement les pertes subies. C'est à ce moment crucial que Hermann Goering, dédaignant l'opinion de ses subordonnés, modifie à nouveau ses plans et décide de passer à l'offensive en concentrant désormais les bombardements sur Londres.

C'est le 15 septembre que les attaques sur la capitale sont les plus virulentes. Le centre-ville, la City, le palais royal, les établissements publics, les hôpitaux et les églises, visés à l'aveuglette, sont touchés. Pourtant, même si la métropole est meurtrie, le moral de la population ne faiblit pas, bien au contraire : la volonté britannique de continuer la guerre s'affirme de plus en plus et Winston Churchill en devient le symbole.

Étonnamment, l'attaque de la ville a un effet positif sur la *Royal Air Force*. En effet, en arrêtant leurs bombardements systématiques des installations aéroportuaires et des stations radars, les Allemands donnent à l'aviation britannique l'occasion de reconstituer ses forces. De plus, la *Luftwaffe* subissant de nouvelles pertes, le rapport de force se rééquilibre peu à peu.

UN DÉBARQUEMENT REPORTÉ

La situation devient donc de plus en plus critique pour l'Allemagne qui voit son opération *Seelöwe* compromise avec l'intensification des bombardements anglais sur les ports où se concentrent les forces d'invasion. Après la journée du 15 septembre, la *Luftwaffe* commence à effectuer des bombardements pendant la nuit, prouvant qu'elle ne parvient plus à maîtriser l'espace aérien de jour qui était pourtant son objectif principal. Cette décision force le report des opérations de débarquement sur la côte anglaise. Si le 3 septembre, l'invasion avait été programmée pour le 21, le 17 septembre, face à l'échec de la bataille aérienne, le débarquement est reporté à une date ultérieure.

Par ailleurs, en raison notamment de la pénurie de chalands et de transports de troupes, la marine allemande ne peut débarquer que 11 divisions lors des premières vagues. Les opérations sont également repensées : elles devront désormais s'échelonner sur trois jours et se limiter à une partie de la côte anglaise. Dans ces conditions, et sans maîtrise du ciel, l'opération *Seelöwe* paraît déraisonnable à l'état-major allemand. Le 12 octobre, Hitler la reporte définitivement au printemps 1941, l'esprit déjà tourné vers la préparation de campagnes militaires d'envergure contre l'URSS et en Afrique du Nord dès 1941. En attendant, les nombreux bateaux mobilisés pour l'invasion sont rendus à l'industrie, aux pêcheries et aux transports maritimes et fluviaux.

UNE ARMÉE BRITANNIQUE DE PLUS EN PLUS FORTE

De son côté, la Grande-Bretagne peut compter sur les précieuses semaines gagnées au cours de l'été 1940 grâce à la résistance aérienne de la RAF qui lui a permis de renforcer sa défense terrestre :

- la *Home Guard*, rassemblant des hommes non mobilisables, a ainsi pu être créée. Cette formation a pour mission de protéger le territoire en s'appuyant sur des membres qui, en plus de leur travail, aident l'armée dans les missions de surveillance et de garde, permettant aux mobilisés de parfaire leur instruction ;
- les femmes sont également appelées à remplir des missions dont les soldats sont déchargés, telles que les travaux de bureau, les services

opérationnels des aérodromes, les services de santé et de renseignement, etc.

Au début du mois d'octobre, le commandement britannique métropolitain dispose donc, outre la *Home Guard* affectée à la surveillance des côtes, de 13 divisions et de trois divisions blindées. Après la catastrophe de la campagne de France et le rapatriement de Dunkerque, l'armée britannique, rééquipée et entraînée, est désormais en mesure de contrer l'ennemi.

DES BOMBARDEMENTS QUI TOUCHENT LES GRANDES VILLES

Faute de maîtriser le ciel pendant la journée, les bombardements nocturnes de la *Luftwaffe* sur Londres deviennent quotidiens d'octobre à novembre. Les dégâts matériels sont importants, mais le flegme britannique permet d'éviter la désorganisation de la vie quotidienne.

Disposant de bases aériennes en France, la *Luftwaffe* étend progressivement son rayon d'action par des bombardements à l'intérieur de la Grande-Bretagne et sur les convois maritimes. Après la mi-novembre, ses attaques sont plus espacées, mais restent très meurtrières. Ainsi, les 14 et 15 novembre, le bombardement de Coventry provoque la mort de 400 personnes et détruit tout le centre-ville, dont la cathédrale. Le 9 décembre, Londres subit un raid aérien pendant 24 heures.

Or, malgré le caractère meurtrier des attaques aériennes sur les populations civiles, ces raids destinés à répandre la terreur ont l'effet inverse et galvanisent l'esprit de résistance britannique contre les nazis.

Du 10 juillet à la mi-novembre 1940, au plus fort du *Blitz* (période de bombardement de la Grande-Bretagne), la *Luftwaffe* perd 1 818 appareils, tandis que la RAF en perd moitié moins. Par ailleurs, les Britanniques déplorent moins de pertes de pilotes que les Allemands puisque ces derniers, en combattant au-dessus du sol ennemi, ne peuvent récupérer ceux d'entre eux faits prisonniers. De plus, les Britanniques peuvent compter dès l'été 1940 sur des renforts de pilotes alliés : Français, Polonais, Tchèques, Belges, Canadiens et Néo-Zélandais renforcent les rangs de la RAF et constituent même des escadrilles autonomes par nationalité. Du côté allemand, les excellents pilotes qui ont pris part au début de la guerre sont progressivement remplacés par des jeunes, certes bien entraînés, mais qui n'ont pas une expérience suffisante du combat, ce qui les rend vulnérables.

Si, au cours des premiers mois de 1941, les attaques allemandes continuent, à un rythme moindre qu'à l'automne 1940 toutefois, l'invasion prochaine de l'URSS explique la période d'accalmie entre les attaques, qui s'espacent de plus en plus. Les forces aériennes allemandes se concentrent désormais sur le front de l'Est, où le *Blitzkrieg* espéré par Hitler se transformera en une guerre d'usure.

UNE VICTOIRE ÉCLATANTE

Le succès britannique dans la bataille d'Angleterre s'explique par l'emploi combiné de la chasse aérienne, du radar et de la défense antiaérienne (DCA). La concentration des chasseurs britanniques lors des attaques des formations ennemies ainsi que leur rapidité permettent de faire échouer l'offensive aérienne allemande.

L'échec allemand peut également s'expliquer par :

- la dispersion des efforts de la *Luftwaffe* ;
- les modifications des objectifs stratégiques allemands au cours des phases décisives de la bataille, sous l'impulsion de Goering et d'Hitler ;
- l'absence d'effet de masse qui aurait permis de concentrer un nombre important d'appareils sur des objectifs stratégiques ;
- l'absence d'un bombardier lourd à long rayon d'action et capable de prendre des charges plus importantes.

La bataille d'Angleterre est également un succès technologique. La maniabilité et la rapidité du chasseur Spitfire, servies par des pilotes courageux et de valeur, font entrer cet appareil dans la légende.

RÉPERCUSSIONS DE LA BATAILLE

LA GRANDE-BRETAGNE INVAINCUE

À l'issue de la bataille d'Angleterre, l'Allemagne nazie doit se résoudre, au début de l'automne 1940, à postposer le débarquement sur le territoire britannique, puisque la *Luftwaffe* ne parvient pas à maîtriser l'espace aérien britannique de jour. Mais l'invasion de la Grande-Bretagne n'aura jamais lieu, car au printemps 1941 Adolf Hitler donne la priorité à l'attaque surprise contre l'Union soviétique. De plus, la défense terrestre et aérienne britannique se renforce dès la fin de l'été 1940, ce qui équilibre le rapport de forces et rend la réussite d'un débarquement allemand plus complexe.

L'ENGAGEMENT PROGRESSIF DES ÉTATS-UNIS

La victoire britannique lors de la bataille d'Angleterre, tout à fait inattendue, permet à

Winston Churchill de convaincre les États-Unis d'aider la Grande-Bretagne dans sa lutte contre le nazisme. De l'armement américain, certes désuet, commence à arriver discrètement dès juillet 1940. En septembre, le président Franklin Roosevelt accepte de céder à la *Royal Navy* 50 destroyers, dont elle a urgemment besoin pour protéger les convois maritimes dans l'Atlantique. Et pour cause : les États-Unis ont tout intérêt à conserver le contrôle de l'Atlantique Nord et doivent donc fournir à la Grande-Bretagne les armements et les fournitures indispensables à la continuation de la lutte.

Ces livraisons ouvrent la voie à l'adoption par le Congrès américain de la loi prêt-bail (*Lend-Lease Act*) le 11 mars 1941, qui permet au président de céder des fournitures nécessaires à tous pays dont la défense est considérée comme vitale pour les États-Unis. Les mécanismes de financement du prêt-bail serviront après la guerre de modèle pour le plan Marshall d'aide à l'Europe, lancé en 1947. Ce plan, proposé par le général George Marshall (1880-1959), le secrétaire d'État, accorde une aide financière et économique aux pays européens démocratiques, à la condition que la reconstruction économique soit réalisée dans le cadre de la promotion de l'unité européenne.

L'effort de guerre de la Grande-Bretagne et de ses alliés en sort renforcé, car il n'est plus dépendant de contraintes financières immédiates. Par ailleurs, la bataille d'Angleterre permet de renforcer la position du président Franklin Roosevelt, qui est réélu pour un troisième mandat en novembre 1940. Au cours de l'automne 1940, le courant isolationniste commence à perdre du terrain dans l'opinion publique nord-américaine, qui peu à peu se rend compte que de la lutte de la Grande-Bretagne pour sa liberté et son indépendance dépendent aussi celles des États-Unis.

LE RETOUR DE L'ESPOIR POUR LES PAYS OCCUPÉS

La bataille d'Angleterre est un tournant psychologique majeur dans les pays occupés au cours de l'automne 1940 et en 1941. Alors que pendant l'été 1940 les esprits étaient abattus ou complaisants face à la puissance nazie, le fait qu'un pays soit en mesure d'y résister offre désormais une lueur d'espoir aux partisans de la liberté et de la démocratie. Par ailleurs, la mise en place de l'exploitation économique systématique des pays occupés, souvent au détriment du ravitaillement des populations civiles, provoque la colère de l'opinion publique contre l'occupant. Les premiers mouvements de Résistance voient donc le jour dans l'Europe occupée au cours de l'automne 1940.

LES FAIBLESSES DE LA LUFTWAFFE

Dès 1940, la *Luftwaffe* perd la suprématie aérienne en Europe, comme le démontre le bombardement aérien britannique sur Berlin pendant la nuit du 28 au 29 août, qui choque la population allemande et le Führer. Les pertes matérielles de la défaite aérienne allemande survenues dans l'espace aérien britannique en 1940 se révéleront irréparables pour l'Axe par la suite. En effet, en 1940 et 1941, les forces aériennes du IIIe Reich perdent plusieurs milliers d'appareils et autant de pilotes hautement qualifiés, ce qui hypothèque lourdement l'avenir. Pourtant, dès la victoire de la Grande-Bretagne, l'Allemagne nazie se doit de prendre en partie à sa charge la couverture aérienne de la Méditerranée, en raison des faiblesses de l'aviation italienne.

À partir du 22 juin 1941, date de l'attaque de l'URSS par l'Allemagne, un second front, très large, s'ouvre à l'Est, que la *Luftwaffe* peine à couvrir. Malgré la perte de nombreux aérodromes soviétiques lors des premières semaines de l'attaque, l'aviation soviétique ne sera jamais anéantie par la *Luftwaffe*, d'autant que suite à son entrée en guerre, l'URSS bénéficie d'une aide matérielle substantielle de la Grande-Bretagne et des États-Unis grâce à la loi prêt-bail.

LA FIN DES VICTOIRES DU NAZISME EN EUROPE

La bataille d'Angleterre, par la victoire défensive britannique qu'elle assure, empêche l'Allemagne nazie de terminer son *Blitzkrieg* à l'Ouest par une victoire définitive. Or, l'Allemagne n'est pas en mesure de soutenir une guerre plus longue. Par ailleurs, l'attaque contre l'Union soviétique de juin 1941, qui ouvre un second front, transforme la guerre européenne en guerre mondiale, réduisant plus encore les chances de victoire totale du nazisme en Europe.

EN RÉSUMÉ

1939

1er sept. : Début de la Seconde
Guerre mondiale

1940

10 juil. : **Début de la bataille
d'Angleterre**

13 août : Jour de l'Aigle

24 août : Bombardement par
erreur de Londres

7 sept. : Déclenchement du *Blitz*

15 sept. : Bombardement violent
de Londres

31 oct. : **Fin officielle de la
bataille d'Angleterre**

14-15 nov. : Bombardement
de Coventry

1941

21 mai : Fin du *Blitz*

1945

8 mai : Fin de la Seconde Guerre
mondiale en Europe

- Dès 1940, l'Allemagne attaque de nombreux pays européens, sans que les états-majors et les gouvernements franco-britanniques, qui lui ont pourtant déclaré la guerre, ne réagissent vraiment. Mais le 10 mai, le Führer décide de s'en prendre simultanément aux Pays-Bas, à la Belgique, au Luxembourg ainsi qu'à la France, et écrase en quelques semaines la France et ses alliés. La Grande-Bretagne se trouve dès lors seule face à l'Allemagne nazie.

- Si l'Allemagne laisse entendre à plusieurs reprises qu'elle serait prête à négocier la paix – et ce dans le but de concentrer ses forces sur l'attaque de l'URSS –, le secrétaire d'État aux Affaires étrangères, Lord Halifax, refuse la proposition. Ne pouvant accepter cette situation, le chancelier allemand décide de lancer au début du mois de juillet 1940 la bataille d'Angleterre pour soumettre le dernier ennemi d'envergure du IIIe Reich en Europe.

- Le 2 juillet 1940, c'est donc à contrecœur qu'Adolf Hitler engage une lutte totale contre les Britanniques. Un débarquement est prévu durant l'automne 1940, mais, pour ce faire, il lui faut à tout prix obtenir la maîtrise du ciel. L'attaque aérienne de la Grande-Bretagne peut donc commencer.

- Si, au départ, seuls les navires marchands et les ports du Sud de l'Angleterre devaient être visés, les plans d'attaque changent rapidement, et ce tout au long de la bataille, suite à l'échec de la destruction de la RAF britannique. Les aéroports, l'industrie aéronautique et l'aviation britanniques sont alors touchées.

- Mais, dans la nuit du 23 août, Londres est bombardée par erreur. Profondément choqué, Churchill décide de répliquer et ordonne que soit mené un raid aérien spectaculaire sur Berlin la nuit suivante. Furieux, Hitler décide le 4 septembre de raser les grandes villes britanniques. La bataille devient une affaire personnelle pour le Führer.

- Le 17 septembre, Hitler est contraint de reporter l'opération *Seelöwe*, face à l'échec de la bataille aérienne.

- Durant les premiers mois de 1941, les attaques allemandes s'espacent de plus en plus. Il s'agit désormais de concentrer les forces sur le front de l'Est. Par ailleurs, les pertes de la *Luftwaffe* sont de plus en plus importantes, alors que les Britanniques reçoivent l'aide des Alliés.

- Le 21 mai 1941 a lieu le dernier bombardement allemand d'envergure sur la Grande-Bretagne. La bataille se termine sur un échec allemand.

Votre avis nous intéresse !
Laissez un commentaire sur le site de votre
librairie en ligne et partagez vos coups de cœur sur
les réseaux sociaux !

POUR ALLER PLUS LOIN

SOURCES BIBLIOGRAPHIQUES

- ANDURAIN (Julie d'), BOUHET (Patrick), *et alii*, « 50 idées reçues sur la Grande Guerre », in Guerres & Histoire, n° 18, avril 2014, p. 32-69.

- BAUDOT (Marcel) et BERNARD (Henri), *Encyclopédie de la guerre 1939-1945*, Tournai, Casterman, 1977.

- BEDARIDA (François), *La bataille d'Angleterre*, Bruxelles, Complexe, 1985.

- CHURCHILL (Winston), *Mémoires sur la Deuxième Guerre mondiale*, Bruxelles-Paris, Plon, 1954.

- FACON (Patrick), *La bataille d'Angleterre. La bataille aérienne décisive de l'histoire*, Paris, Economica, 1992.

- KERSAUDY (François), *Hitler*, Paris, Librairie académique Perrin, p. 135.

- LESPINOIS (Jérôme de), *La bataille d'Angleterre. Juin-octobre 1940*, Paris, Tallandier, 2011.

- LIDDELL HART (Basil-H.), *Histoire de la Seconde Guerre mondiale*, Verviers, Marabout, 1985.

- OVERY (R. J.), *The Air War. 1939-1945*, Londres, Europa, 1980.

- WRIGHT (Robert), *Dowding and the Battle of Britain*, London, Military Book Society, 1969.

SOURCES COMPLÉMENTAIRES

- AZEMA (Jean-Pierre) et BEDARIDA (François), 1938-1948. *Les années de tourmente*. De Munich à Prague. Dictionnaire critique, Paris, Flammarion, 1995.

- DURAND (Yves), *Histoire générale de la Deuxième Guerre mondiale*, Bruxelles, Complexe, 1997.

- KASPI (André), *Chronologie commentée de la Seconde Guerre mondiale*, Paris, Perrin, 2010.

FILM

- *La Bataille d'Angleterre*, film de Guy Hamilton, avec Harry Andrews, Michael Caine et Trevor Howard, Grande-Bretagne, 1969.

MUSÉES

- L'Imperial War Museum, aérodrome de Duxford (Grande-Bretagne).

- Le musée royal de l'Armée, section de l'Air, Bruxelles (Belgique).

- Le Spitfire & Hurricane Memorial Museum de Manston (Grande-Bretagne).

• Le Militärhistorisches Museum der Bundeswehr, Berlin (Allemagne).

50MINUTES.fr
Art & Littérature
Coaching Pro
Business
Book Review
Histoire & Société
Santé & Bien-être
JE FAIS DES CHOIX ET J'ASSUME !
DIANA, PRINCESSE DE GALLES
LÂCHER PRISE, ENFIN !
SOYEZ LÀ
OÙ ON NE VOUS ATTEND PAS !
www.50minutes.fr

ISBN ebook : 978-2-8062-5424-5
ISBN papier : 978-2-8062-5605-8
Dépôt légal : D/2014/12603/35
Photo de couverture : *Un vigile anglais observe l'horizon de Londres, avec la cathédrale St. Paul en second plan.* National Archives and Records Administration ARC 541899, © Domaine public.

Conception numérique : Primento,
le partenaire numérique des éditeurs